AF296263

A L'ASSEMBLÉE

NATIONALE.

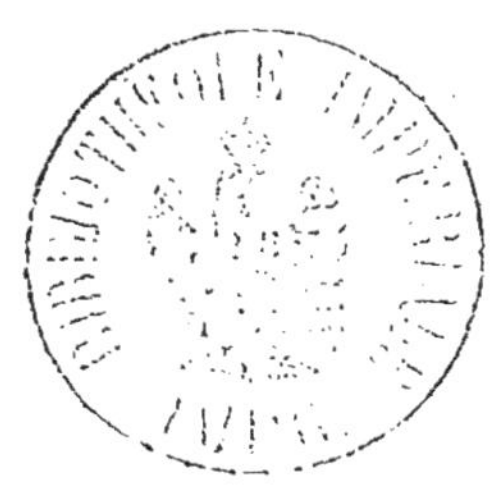

NOSSEIGNEURS,

GRACES à vos folicitudes, les Fançois jouiffent de leur liberté naturelle ; mais il exifte encore
des entraves qui contrarient la fageffe de vos
décrets. Nul impôt ne peut avoir lieu que par
le confentement de chaque individu , ou de fes
repréfentans : telle eft la loi que vous avez pro-
noncée. La ville de Lyon cherche à l'enfreindre,
& de courber fous le joug de l'oppreffion les
habitans du bourg de la Guillotiere, en Dauphiné:
& cela , malgré une multitude d'arrêts contradictoires , malgré trois actes foufcrits par les échevins
de ladite ville. Le mémoire ci-joint met en évidence la légitimité de nos plaintes & de nos réclamations.

Daignez, Nosseigneurs, lire nos preuves, nous honorer de votre protection, & nous faire jouir du droit commun des François, en nous comprenant & enclavant dans l'un des diftricts de la province du Dauphiné ; c'eft le feul & l'unique moyen de nous mettre à l'abri du defpotifme municipal de la ville de Lyon.

Nous efpérons, Nosseigneurs, cette grace de votre juftice & de votre patriotifme.

Signés, les habitans du bourg de la Guillotiere.
Le chevalier de Janin de Combe Blanche. Allard ; députés de la communauté & municipalité dudit bourg.

RÉPONSE

De la Municipalité du Bourg de la Guillotiere, en Dauphiné;

A là requête de la Municipalité de la ville de Lyon, du 18 Août 1788, & à l'Arrêt fur Requête, du 18 Octobre 1789.

MESSIEURS,

IL vous paroît étrange que nous nous plaignons des vexations inouies que vous exercez contre nous depuis fi long-temps : & devions-nous nous taire, quand chaque province, chaque ville & chaque communauté du royaume a fait entendre fon vœu, & a réclamé le droit le plus facré, la liberté ? Auffi l'aurore de la félicité publique commence à fe manifefter ; cette heureufe révolution eft dûe à la bienfaifance de *LOUIS XVI, reflaurateur de la liberté françoife.* Graces à fes folicitudes, les états-généraux font affemblés ; c'eft là où les grands intérêts de la nation font examinés, difcutés & fixés. C'eft là où nos juftes plaintes vont fe faire entendre. Notre mere patrie, le Dauphiné, réclame fes propres enfans enlevés de force, & réduits, depuis cette fatale féparation, au plus dur efclavage. Vous ne pouvez ignorer que les états de cette province font intervenus dans l'inftance pendante

A

au conseil, bien résolus de nous défendre & de
de nous ramener dans le sein de notre patrie,
elle seule peut nous consoler & réparer tous nos
malheurs.

Auriez-vous dû attendre la révolution actuelle,
vous seigneurs de notre paroisse, qui nous deviez
protection & justice, tandis que vous nous avez
refusé l'une & l'autre ? Lorsque les archevêques de
Lyon étoient nosseigneurs, nous avions près d'eux
justice & protection ; ces vertus ont disparu depuis 1705, qu'ils ont vendu cette seigneurie.
Moment fatal qui a été la source de tous nos
malheurs ! Ils sont tels, que nous sommes courbés
sous une masse d'impôts, la plupart injustes &
accrus à chaque instant par des amendes arbitraires, par des saisies qui nous enlevent notre
gagne-pain, par des exactions en tout genre qui
sont incalculables. Nous sommes traités comme
des êtres amphybies, mais toujours plongés dans
le tartare, ne jouissant ni du droit de cité, ni
du droit d'étranger, soumis cependant aux impositions du dedans & du dehors. Quelle affreuse
& inconcevable situation ! Nous sommes François,
& l'on nous traite avec moins d'humanité que les
esclaves des pays Barbares.

Afin de mettre de l'ordre dans cette discussion,
& pour l'abréger, nous laisserons de côté les
preuves hystoriques qui démontrent invinciblement
notre dépendance immuable du Dauphiné : il nous
suffit que les états de cette province en ait fait
une mention détaillée dans le procès-verbal du
mois de décembre 1788, p. 89. Ici il faut opposer
une digue invincible au torrent des prétentions
injustes de nos adversaires ; il faut les contenir
dans les bornes que la nature a tracées ; il faut
réduire leurs allégations à leur juste valeur, &
faire disparoître cette immensité de nuages qu'on
a élevés avec tant d'art pour cacher la vérité. Pour

(3)

y parvenir , il faut nous borner aux trois grandes
époques qui ont attenté à notre liberté. La premiere
en 1479; la feconde en 1521; la troifieme en 1725.
Nous finirons par le tableau de nos malheurs.

§. PREMIER.

*Examen du procès-verbal de TINDO ,
fait en 1479 , & autres titres fur lefquels fe fondent les échevins de Lyon ,
pour prouver que le bourg de la Guillotiere eft un fauxbourg de leur ville.*

NOUS vous avons déjà oppofé , Meffieurs ,
des titres fort anciens & bien authentiques : votre
filence, à leur égard , démontre que vous n'avez
rien eu de folide à leur objecter. Vous avez été
réduits à borner vos prétentions fur le procès-
verbal de *Tindo*. Vous affirmez que *le procès-verbal
de 1479 , & depuis le réglement contradictoire du 9
mars 1701 , ont fixé irrévocablement la conftitution
DU FAUXBOURG de la Guillotiere*. Ceci mérite
d'être vérifié, puifque notre fort en dépend. Voyons
d'abord les lettres de *LOUIS XI*, qui avoient
commis ce fameux *Tindo* : on y lit que *LE ROI*
a donné conftamment le nom *DE LIEU* à la
Guillotiere , témoins les pages 2 , 4 , 5 , 6 , 7 & 9.
Puifque les lettres de *LOUIS XI* ne vous font
pas favorables , portons nos regards fur le procès-
verbal de *Tindo* , fûrement c'eft là où la vérité va
paroître dans toute fa gloire. Eh , Meffieurs! on
y trouve par-tout la dénomination de *LIEU* de la
Guillotiere , & nulle part celle de fauxbourg , témoins les pages 12 , 13 , 14 , 22 , 24 , 28 , 29 , 30 ,
32 & 38. Cependant vous foutenez que *ce procès-
verbal a fixé la conftitution du fauxbourg* de la
Guillotiere , tandis que les lettres de *LOUIS XI,*

(4)

& le procès-verbal de *Tindo* atteſtent le contraire : reſte à ſavoir ſi le mot *lieu* eſt ſynonime à celui de *fauxbourg*. L'académie françoiſe , ni les autres dictionnaires ne vous ſont pas favorables ; car *lieu* ſignifie *place , rang. Fauxbourg eſt la partie d'une ville qui eſt hors des portes de ſon enceinte* ; donc *fauxbourg* n'eſt pas ſynonime avec *lieu ;* celui-ci a ſon rang , ſa place diſtincte : au contraire, un faux-bourg eſt une dépendance de la ville ; voilà la différence. Et vous , Meſſieurs , vous confondez les mots & les choſes. Pourquoi cherchez-vous, ſous de vains prétextes, à ſurprendre encore la religion du Roi & de ſon conſeil ?

Voyons maintenant ſi l'arrêt du 9 mars 1701 vous ſera plus favorable ; ce n'eſt ſûrement pas le préambule, car on y rappelle l'arrêt du con-ſeil du 1er. mars 1696 , en ces termes : *SA MAJESTÉ a déclaré* LE LIEU *de la Guillotiere & mandement de Béchevelin* ÊTRE UN BOURG DU DAUPHINÉ. Dans le diſpoſitif, on y lit *les ha-bitans dudit* LIEU de la Guillotiere , qualification qu'on y a répété à différentes fois. Bien plus, l'arrêt du conſeil, prononcé 9 jours avant le précédent , c'eſt-à-dire, le 1er. mars 1701 , a reconnu expreſſé-ment,& a déclaré *le Bourg de la Guillotiere & man-dement de Béchevelin , près de Lyon ,* ÊTRE *de la province du Dauphiné.* Ainſi , Meſſieurs, vous voyez qu'il n'eſt pas queſtion de fauxbourg ni dans les lettres de *Louis XI* , ni dans le procès-verbal de *Tindo* ; au contraire, il eſt évident , par ces titres, que la Guillotiere étoit, en 1479, un lieu diſtinct & ſéparé de la ville de Lyon ; & que le Roi l'a reconnu, par divers arrêts de ſon conſeil , être *un bourg dépendant de la pro-vince du Dauphiné.* Voilà donc la baſe fondamentale de vos prétentions détruite de fond en comble par la ſeule vérification des pieces invoquées par vous. Ce n'eſt pas aſſez ; il faut examiner encore le procès-verbal de *Tindo* ; car, en le lisant, nous y avons trouvé des preuves évidentes de nullité.

Ce commissaire y dénomme, nom par nom, 45 témoins, qu'il affirme avoir entendus sous la foi du serment. Eh bien ! tous ces témoins sont des faux témoins, ou *Tindo* est un homme infidele. Optez & lisez : il déclare que *lesdits témoins lui ont affirmé que de tout temps & d'ancienneté EULZ, & leurs prédécesseurs en ladite châtellenie de Béchevelin, sont demeurés FRANCS, QUITTES ET EXEMPTS DES TAILLES, SUBSIDES, & autres charges mises sur le Dauphiné, ET JAMAIS N'Y CONTRIBUERENT EN NULLE MANIERE*, p. 37.

Le faux est ici mafeste ; car le Roi & son conseil ont déclaré, dans l'arrêt du 9 mars 1701, avoir eu sous leurs yeux *copie des extraits des rôles des tailles imposées EN DAUPHINÉ depuis* 1478, (conséquemment une année avant le procès-verbal de Tindo) *jusqu'en* 1554, *& actes de délibérations qui font mention du LIEU de Béchevelin comme contribuable auxdites impositions.* Plus, *des copies collationnées de compulfoire, assignation & autres procédures faites en* 1557 *par les habitans de la Guillotiere, pour faire extraire lesdites pièces.* Plus, *un cahier de plusieurs ordonnances du parlement de Grenoble, & délibérations DES ÉTATS DU DAUPHINÉ, fur les requétes DES CONSULS & habitans de Veniffy, depuis* 1623 *jusqu'en* 1629, *pcur justifier que LA GUILLOTIERE & Béchevelin étoient de la taillabilité dudit Veniffy, & qu'il y avoit inftance au conseil au fujet du territoire de la Guillotiere.* Donc le bourg de la Guillotiere a été de la taillabilité du Dauphiné avant & après le procès-verbal de *Tindo* ; donc ce commissaire a commis un faux matériel, en inférant le contraire dans fon procès-verbal ; donc ce procès-verbal est nul, & la mémoire de ces 45 témoins déshonorée,

puifque de leur vivant ils ont été d'infignes fauffai-
res. Et l'on ofe préfenter aux regards DU ROI &
de fon confeil un monument d'infamies, un
acte argué de faux, cimenté par 45 faux témoins
ourdis par le menfonge ! Quelle foi ajouter à un
tel procès-verbal ?

Rappellons ici le reproche que fit à cet acte le
parlement du Dauphiné dans fon mémoire impri-
mé en 1700.

*TINDO, y eft-il dit, attefte une chofe vifiblement
fauffe & moralement impoffible, non - feulement en
fuppofant qu'un huiffier a fait EN UN JOUR plus
de 40 lieues de France pour affigner toutes les parties
pardevant lui, mais encore en lui faifant tenir un
langage imaginaire fur l'approbation de fa commif-
fion par le parlement de Grenoble, quoiqu'il dit lui-
même le contraire dans la fuite, p. 11.*

Et malgré cette fauffeté reconnue, le confulat
de Lyon fonde fes prétentions fur un procès-verbal
qui contient trois impoftures ! Nous pourrions
joindre ici les moyens de nullité que l'orateur des
états du Dauphiné a établis contre ce procès-verbal
en 1788, mais il nous fuffit d'avoir démontré
que cet acte eft argué de faux, conféquemment cet acte eft nul de plein droit. Cependant les échevins de Lyon prétendent que *François Ier.* avoit adreffé *des lettres au fénéchal de leur
ville en 1523, portant défenfes de bâtir à la Guillotiere jufqu'à ce que le Roi l'eût fait enfermer dans
l'enceinte de Lyon.* Comment enfermer le bourg
de la Guillotiere dans l'enceinte de Lyon ? Cela
eft impoffible, & dans le fait & dans le droit.
Dans le fait, la fphere du territoire dudit bourg
a plus d'une lieue de diametre (1); la muraille

---

(1) C'eft fur cette vafte étendue que les fermiers des
aides & octrois ont porté leurs avides regards, & fur laquelle ils ont perçu leurs droits, comme fi un territoire

dont il eſt queſtion auroit donc eu trois grandes lieues de circonférence ? Une telle conſtruction auroit coûté infiniment plus que ne peut être évalué le prix du terrein. D'un autre côté , comment enfermer dans l'enceinte de Lyon la Guillotiere qui en eſt ſéparée par un large & vaſte fleuve ? Perſonne n'ignore que le Rhône , dans ſes débordemens , innonde la Guillotiere & une partie de ſa campagne ; certainement la fougue des eaux auroit bientôt renverſé une telle enceinte. Dans le droit, comment auroit-on oſé s'emparer de la Guillotiere en 1523 , temps où les états du Dauphiné étoient, comme ils le ſont aujourd'hui , dans toute leur vigueur , & qui certainement ſe feroient oppoſés avec raiſon à un tel démembrement? Leur intervention actuelle en eſt une preuve ſans réplique. Donc....

§. I I.

Vérification des autres titres oppoſés par la ville de Lyon à la municipalité du bourg de la Guillotiere.

Nous voici parvenus à la ſeconde époque des chaînes que l'on a tendues pour nous réduire à l'eſclavage. Lyon ſe fonde actuellement ſur l'arrêt du conſeil de 1521. Il ſoutient qu'alors , *le fauxbourg de la Guillotiere a été aſſujetti au droit d'octroi établi pour les beſoins de ladite ville.*

Il eſt vrai que voilà l'époque des premieres tentatives qu'on a faites pour nous ſubjuguer ;

---

dépendant de la province du Dauphiné faiſoit partie ce la ville de Lyon. C'eſt ainſi que l'on acheve de courber , ſous le fardeau des impôts , des pauvres agricoles abſolument étrangers à ladite ville !

mais cette tentative ne fût pas heureuse : cependant Lyon affirme, que *dès* 1521, *le lieu de
la Guillotiere a été déclaré fauxbourg de Lyon ;* &
ses échevins assurent que *voilà une réponse sans
réplique à toutes les citations & inventaires de
titres antérieurs & postérieurs rapportés dans la
requête des habitans du fauxbourg de la Guillotiere.*

Nous leur opposons l'arrêt du grand'conseil
du Roi de 1551 : à cela, ils répondent que
*c'est en vain que les habitans de la Guillotiere
citent l'arrêt de* 1551, *qui a déchargé ce fauxbourg
d'un octroi de pied fourché & vin ; il ne s'agissoit
que d'un arrêt provisoire.*

Cela est encore vrai ; mais cet arrêt vous
a condamnés, Messieurs, à restituer ce que vous
aviez perçu sur nous. En second lieu, cet arrêt
qualifie la Guillotiere de *lieu*, & vous, vous
répétez sans cesse fauxbourg, afin de faire croire
que nous habitons un fauxbourg. Vous convenez qu'à la suite de cet arrêt, il y a eu une
transaction, mais vous soutenez que *cette transaction ne prouve rien.*

Quoi ! une transaction *ne prouve rien ?* Voilà
un singulier langage dans la bouche des magis-
trats. Voyons donc le dispositif de l'arrêt du
grand'conseil, & la transaction souscrite par
vos ancêtres, qui, selon vous, *ne prouvent rien.*
On lit dans l'arrêt de 1551, que *sans avoir
égard aux lettres d'octroi dans lesquelles il est
dit que le L I E U de la Guillotiere est un fauxbourg de Lyon..... Qu'il a été mal jugé.... Faisant
droit sur l'instance d'opposition formée par lesdits
habitans de la Guillotiere, à l'exécution desdites
lettres d'octroi..... Et cependant, par provision, ledit conseil ordonne que lesdits habitans du
L I E U de la Guillotiere feront E X E M P T S
de payer lesdits droits de pied fourché & vin*

entrant audit L I E U de la Guillotiere , dont
mention eſt faite auxdites lettres d'octroi du 15 mars
1548 ; & leur ſeront R E N D U S les deniers pris
& perçus à cauſe dudit impôt.

Le conſeil l'auroit-il ainſi jugé , ſi la municipalité de Lyon n'avoit pas ſurpris la religion du Roi & de ſon conſeil en 1521 &
en 1548 ? Voyons maintenant ſi la tranſaction
de 1556 ne prouve rien.

Nous , garde ſcel royal , &c. , comme ainſi ſoit
que procès auroit été mu par appel au grand-
conſeil entre les conſeillers de la ville de Lyon
d'une part ; & les habitans de la Guillotiere oppo-
ſans d'autre ; pour raiſon de certains impôts de vin
& bétail qui entrent dans ladite ville & faubourgs
d'icelle , entre leſquels auroit été ledit L I E U
de la Guillotiere & mandement de Béchevelin com-
pris comme fauxbourg.... Que par arrêt proviſionnal
dudit grand'conſeil , prononcé le 26 octobre 1551 ,
auroit été dit : (ce que nous venons de rappor-
ter ci-deſſus) *voulant leſdites parties pacifier*
& accorder leurs différends & procès. Or eſt-il que
pardevant J. Gravier , notaire royal , & témoins bas
nommés , perſonnellement établis (ici ſe trouve les
noms de ſept échevins de la ville de Lyon)
d'une part ; ſuit les noms de huit conſuls ou officiers , faiſant pour les habitans *dudit L I E U*
de la Guillotiere ; leſquelles parties , reſpectivement
de leur bon gré , pures & franches volonté pour
eux , leſdits habitans de Lyon & la Guillotiere ,
leurs hoirs , ſucceſſeurs quelconques à l'avenir , ont
tranſigé & accordé , tranſigent & accordent deſ-
dits procès & appartenances d'y-celui , comme s'en
ſuit , que B O N N E P A I X & amitié demeurera
dorénavant entre eux....... renoncent leſdites
parties audit procès...... item , que pour tous
droits , dépens , que pour raiſon des R E S T I T U-
T I O N S , leſdits échevins ont payé & délivré aux-

dits procureurs de la Guillotiere la fomme de SEPT CENTS LIVRES..... avec pact coroboré par SERMENT de ne jamais leur RIEN DEMANDER ni quereller.... moyenant laquelle fomme de 700 liv. lefdits échevins demeurent quittes, envers lefdits habitans de la Guillotiere & les leurs, de tous les deniers pris fur eux, à caufe de ladite impofition.... Ont promis lefdits échevins, par LEURS SERMENS SUR LES SAINTS ÉVANGILES, avoir gré, tenir ferme, obferver & accomplir chacune partie en droit foi; SANS JAMAIS VENIR AU CON-TRAIRE DIRECTEMENT NI INDIRECTE-MENT par eux NI PAR AUTRES, avec réfer-tion d'une part & d'autre de tous dépens dommages & intéréts : Lefdites parties ont voulu & veulent rendre & reffortir par la partie obtempérante, & fur iceux en être octroyé un feul & fimple ferment de la partie obtempérante, SANS AUTRE PREUVE, eux foumettant pour ce A TOUTES COURS DU ROI. A chacune d'icelles ils ont voulu & veulent être contraints & compellez POUR L'ENTIERE OB-SERVATION ET ACCOMPLISSEMENT en cefdites préfentes, nonobflant quelques conflitutions de droit au contraire; renonçant, & par leurfdits fermens, à toutes actions, exécutions.... à tous US, ufages & conflitutions de droit & de pays, A TOUTES GRACES, RELIEFS, DISPEN-SATION DE SERMENT, & à tous autres droits & moyens par lefquels les parties voudroient venir au contraire..... Fait à Lyon, au bureau du confu-lat, le 22 feptembre 1556.

Jamais tranfaction n'a été mieux ftipulée en faveur de notre franchife. L'indépendance du *lieu* de la Guillotiere y eft bien établie & très-bien reconnue; car vous y avez déclaré expref-fément, que ledit *lieu* n'eft pas un fauxbourg de votre ville. Bien plus, vous avez reftitué à nos habitans 700 liv. qui, alors, étoit une fomme très-conséquente. Vous avez plus fait , vous avez promis & juré , sur les saintes écritures , de vivre en paix avec nous ; enfin , vous vous êtes soumis , en cas de contravention , à la susdite transaction , à tous les dépens dommages & intérêts si vous y contreveniez jamais. Vous vous en êtes rapporté à notre serment ; & malgré des promesses aussi solennelles , vous n'avez cessé d'y contrevenir , tant vous faites peu de cas des actes que vous avez souscrits ; tellement que lorsqu'on vous oppose un acte aussi authentique & aussi formel , vous soutenez que cette transaction *ne prouve rien.* Certainement le Roi & son conseil le verront sous un autre aspect.

Pour vous disculper , vous citez les lettres patentes D'HENRI VI , de 1606 , dont l'objet étoit d'autoriser l'établissement des religieux du tiers ordre de St. François , à la Guillotiere. Et quel rapport a cet établissement avec notre dépendance du Dauphiné ? Vous faites entendre que lesdites lettres ont qualifié notre bourg de fauxbourg ; mais vous vous gardez bien de rappeller la contestation qui s'éleva entre vos fermiers des octrois & nos habitans en 1602 , la transaction de 1556 étoit ressente pour y contrevenir. Aussi , loin de prendre le fait & cause de vos fermiers , votre justice vous dicta alors la déclaration dont voici l'extrait : vous y affirmez que *les habitans de la Guillotiere & Béchevelin n'avoient JAMAIS été contribuables AUX AIDES , gabelles , huitiemes & vingtiemes de vin , & qu'ils en avoient au contraire TOUJOURS été exempts & affranchis.* Cette piece légale est du 13 juin 1606. Or cette déclaration confirme , en tant que de besoin, la transaction de 1556. Aussi le conseil , sur le vu de ces deux pieces, condamna aux dépens votre fermier des octrois. S. M. fit main-levée des saisies faites sur nous , & y déclara de nouveau *la Guillotiere être un bourg du Dauphiné, & non un fauxbourg de Lyon*; cet arrêt eft du 7 janvier 1608. Quoique ce jugement fut contradictoire, la cupidité, qui ne dort jamais, renouvella fes oftilités contre nous en 1612, nouvelle oppofition & nouvel arrêt du 16 août 1614, qui condamna pour la feconde vos fermiers à reftituer, & aux dépens. Confirme de nouveau S. M. que *la Guillotiere eft un bourg du Dauphiné*; & une loi fi précife, formée par l'enfemble de trois arrêts du confeil, foutenus par votre tranfaction & votre déclaration, felon vous *ne prouvent rien*. Il ne faut pas être étonné fi ce fingulier fyftême a paffé jufques dans la tête de vos fermiers des octrois & des aides; ce dernier revint à la charge en 1625, en conféquence procès; le confeil renvoya la conteftation à la cour des aides de Paris; elle prononça fon arrêt définitif & contradictoire le 22 feptembre 1636. Le fermier fut condamné aux frais, & à reftituer, témoin l'acte qu'il a foufcrit en 1639.

Qui n'auroit cru que cette hydre, fans ceffe renaiffante, étoit abattue. Il n'en fût rien; bientôt elle fe préfenta fous une autre forme. Les boulangers de Lyon attaquerent ceux de notre bourgade, fous le vain prétexte qu'ils habitoient un fauxboug de leur ville; plufieurs faifies furent faites; en un mot, ils les mirent charitablement fur la paille, fur ce procès. Le parlement de Paris *déchargea les boulangers du bourg de la Guillotiere; condamna ceux de Lyon à reftituer & ès-dépens*; cet artêt eft du 13 août 1668 : Et comme c'étoit la chambre des vacations qui l'avoit ainfi prononcé, les boulangers Lyonnois fe crurent des phœnix, & qu'ils reffufciteroient de leurs cendres. Ils en appellerent à la rentrée du parlement, qui prononça un fecond arrêt contradictoire le 5 décembre 1668, qui maintient & confirme le précédent arrêt.

A peine commençions-nous à refpirer , que vous nous élevâtes, Meffieurs , en 1670 une nouvelle difficulté fur le droit du péage qui fe perçoit fur le pont du Rhône , nouveau procès qui fut encore terminé , en notre faveur , par tranfaction paffée entre les échevins de Lyon & nos officiers municipaux en 1671 , & dans laquelle vous nous avez reconnus, pour la troifieme fois, étrangers à votre ville. A cela , vous objectez que *les habitans de la Guillotiere rapppellent toujours des anecdotes anciennes , qui ont eu des motifs particuliers & étrangers aux perceptions des octrois & des aides à l'entrée de leur fauxbourg. Ils citent une tranfaction paffée, en 1671 , entre eux & le confulat de Lyon , par rapport à un droit de péage du pont du Rhône.... droit minutieux & fans conféquence.* Vos objections font bien futiles. Quoi ! vous méprifez des titres anciens , eh , Meffieurs ! ce qui eft ancien eft toujours refpectable. En fecond lieu , il n'eft point de perception qu'on puiffe qualifier de minutieufe ; tout impôt grave néceffairement l'infortuné qui le paye.

Vous nous avez donc bien reconnus pour étrangers à trois différentes époques ; en 1556 , en 1606, & en 1671. Comment fe peut-il que vous fouteniez aujourd'hui que la Guillotiere a été de toute éternité un fauxbourg de Lyon ? Hélas ! Meffieurs, vos propres fignatures démentent formellement votre prétention jufques aux arrêts du confeil du parlement & de la cour des aides de Paris. Ces titres font pour nous un égide invincible.

Cependant , au mépris de tant d'arrêts & des actes foufcrits par vous, vous fîtes parvenir une nouvelle requête jufqu'au pied du trône ; & à notre iffue, vous fîtes une nouvelle atteinte à notre liberté par l'arrêt évidemment furpris en 1677 ; la collufion y eft manifefte. Auffi vous ne jouîtes pas long - temps de votre prétendu triomphe, car l'arrêt du conseil d'état de 1696 répara le désordre. Sa Majesté y déclare, pour la cinquieme fois, *la Guillotiere être un bourg de la province du Dauphiné, & non un fauxbourg de Lyon.*

Il est vrai, dites-vous, *que par erreur l'arrêt de 1696 qualifie la Guillotiere de bourg du Dauphiné, toujours en l'assujettissant néanmoins à payer le droit d'octroi dont on vient de parler.* Tellement par erreur, que le fauxbourg de la Guillotiere avoit été appellé .bourg du Dauphiné ; qu'en 1699, il fut rendu un arrêt interprétatif de celui de 1696, qui, en confirmant l'exemption du nouvel octroi, & ordonnant que l'ancien octroi continueroit d'être levé, déclare que de tout cela, & par rapport à la dénomination, il ne pourra être tiré avantage relativement à *LA JURIDICTION.* Et quel rapport a *la juridiction* & son ressort avec la dépendance locale *d'un bourg du Dauphiné ?* Pourquoi faites-vous confusion des mots, sinon dans l'espérance d'embrouiller l'état de la question ? Elle se réduit à savoir si la Guillotiere est un bourg du Dauphiné ou un fauxbourg de Lyon. Nous avons prouvé, par nombre d'arrêts & par trois actes souscrits par vous, que notre bourgade est une dépendance absolue du Dauphiné ; donc elle n'est pas un fauxbourg de votre ville.

En supposant que cet arrêt de 1696, qui a qualifié la Guillotiere DE BOURG DU DAUPHINÉ, n'eût pas été interprété, (non il ne l'a pas été) *quelle induction auroit-on pu tirer contre la perception de la ville, puisque le même arrêt admet que l'ancien octroi, qui se perçoit au profit de la ville dans le fauxbourg de la Guillotiere, continueroit d'être perçu : point d'autre induction, sans doute, que celle de reconnoître TOUJOURS la Guillotiere comme fauxbourg de Lyon, ou comme UN BOURG DU*

DAUPHINÉ ; devant son existance entiere à la ville de Lyon, devoit contribuer à ses charges, & y avoit contribué par une perception d'octroi.

Quoi ! toujours de suppofitions ! Vous foutenez que nous vous devons notre exiftance ; mais eft-ce l'or ou les alimens qui font exifter l'homme ? Par votre commerce, vous entaffez les matieres premieres, que vous employez avec tant d'induf-trie, & que nous cultivons à la fueur de notre front ; donc fans nous vous feriez fans activité & fans alimens ; donc vous nous devez votre exiftance abfolue, & vous foutenez le contraire !

Vous convenez que nous habitons *un bourg du Dauphiné*, donc nous ne devons pas contribuer aux charges d'une ville qui eft étrange à notre province. Soutenir que l'arrêt de 1699 a inter-piété celui de 1696 quant aux impofitions fifcales, c'eft manquer de refpect à la vérité. En voici la preuve : L'arrêt de 1699 a été rappellé dans celui du 9 mars 1701, en ces termes : *L'arrêt du confeil du 18 mars 1699, obtenu fur requéte y préfentée par le procureur du Roi en la fénéchauffée de Lyon, tendante à ce qu'il fût reçu partie intervenante, lui a été donné acte de fon emploi, fa requéte jointe à l'inftance ; autre arrêt du confeil du 11 août 1699, fur requête y préfentée par ledit procureur du Roi, pour s'oppofer à l'arrêt du confeil de 1696, en ce qui concerne SEULEMENT LE RESSORT DE LA JURIDICTION.* L'arrêt du confeil du 8 février 1700, *porte que, fans avoir égard à ladite oppofition, les parties ont été renvoyées au confeil privé, fans que lefdites parties puiffent tirer aucun avantage DU RESSORT DE LA JURIDIC-TION fur lequel Sa Majefté n'avoit entendu ftatuer par ledit arrêt.*

Il eft évident que l'arrêt de 1699, ni celui de 1700, pas même celui du 9 mars 1701, n'ont pas dérogé en rien à celui de 1696, quant à ce

qui concerne la dépendance du bourg de la Guillotiere de la province du Dauphiné ; & cependant
vous prétendez que *c'est par erreur* que l'on l'a
ainsi dénommé. Vous faites plus, vous confondez la juridiction & son ressort avec le régime
fiscal, avec la localité, tandis que tout cela n'a
nul rapport, nulle analogie ; c'est ainsi que vous
ne cessez d'embrouiller l'état de la question, &
de vous étayer des arrêts diamétralement oppo-
sés à vos prétentions. Donc le mot *d'erreur*, sur
lequel vous insistez pour blamer l'arrêt de 1696,
a été peu réfléchi. LE ROI peut être induit *en
erreur* lorsqu'on surprend sa religion par des
faux exposés, mais S. M. cesse d'être en erreur
lorsque, sur le vu des titres, elle prononce un arrêt
contradictoire, tel que celui de 1696. Vous étiez,
Messieurs, parties en ce procès ; vous avez été
entendus en vos défenses, & le seul article de
cet arrêt, que vous faites tant valoir, est tronqué
par vous. En voici la preuve :

*Ordonne SA MAJESTÉ, que lesdits habitans
de la Guillotiere continueront de payer les droits qui
ont été par eux payés jusqu'à présent, en exécution de l'arrêt de 1677, SANS TIRER A
CONSÉQUENCE.*

Ce qui est bien différend. Ces quatre mots,
sans tirer à conséquence, diminuent singuliére-
ment vos prétentions, car une faveur accordée
sans conséquence, n'est pas un titre, elle est *sans
conséquence* ; afin de vous en convaincre, lisons le
reste du dispositif de cet arrêt.

*LE ROI en son conseil a déclaré & déclare
LE LIEU de la Guillotiere & mandement de
Béchevelin être un bourg du Dauphiné, ET NON
UN FAUXBOURG de la ville de Lyon : en conséquence S. M. a déchargé & décharge lesdits
habitans dudit BOURG des droits d'octroi & pied fourché, portés par l'arrêt du conseil du 21 mars 1695...*
fait

fait S A M A I E S T É *défenfes* AU PRÉVÔT DES MAR-
CHANDS ET ÉCHEVINS , *fermiers & receveurs des
octrois de ladite ville,& à tous autres , de faire aucune
pourfuite , ni exercer aucune contrainte contre lefdits habitans, pour raifon de ce , à peine de tous
dépens dommages & intérêts : leur faifant S. M.
pleine & entiere main-levée* DES SAISIES *& exécutions faites fur eux pour raifon du paiement def-
dits droits ; ordonne que les chofes faifies leur feront
rendues* ET RESTITUÉES *, & Neiret & Chartier
élargis , fi fait n'a été...* CONDAMNE LESDITS PRÉVÔTS
DES MARCHANDS ET ÉCHEVINS DE LYON *à rendre &
reftituer auxdits habitans les fommes qui fe trouveront
avoir été par eux reçues en exécution defdites faifies.*

Vous voyez, Meffieurs, qu'il n'y a pas d'erreur
dans cet arrêt , puifque vous y êtes dénommés ;
c'eft ainfi que la juftice du Roi condamne
ceux qui ont tort. L'arrêt du premier mars 1701 ,
& celui de 1706, ont confirmé celui de 1696 ,
double preuve que celui de 1699 n'y a pas porté
la moinde atteinte ; quelle peut être maintenant
la bafe de vos prétentions , & que pouvez-vous
objecter aux preuves folides & invincibles que
nous venons de vous oppofer ?

Les habitans du fauxbourg de la Guillotiere ,
dites-vous, *cherchent à fe prévaloir d'un arrêt de
1701 , qui profcrit la demande du fermier des aides ,
tendante à établir un droit de cinq fous par année
de vin dans ce fauxbourg ; & d'un arrêt de 1706,
qui défendit aux mouleurs de bois de percevoir leur
droit dans le fauxbourg de la Guillotiere : On demande ce que ces deux arrêts peuvent avoir de
commun avec des perceptions , tant anciennes que nou-
velles , fondées* EN LOI *, & établies au profit de
la ville.*

La loi , Meffieurs , vous a toujours condamnés ,
témoins les arrêts ci-deffus ; & vous y avez foufcrits vous-mêmes par deux tranfactions & votre

B

déclaration. Néanmoins vous foutenez que *fi les habitans de la Guillotiere étoient en inftance avec les régiffeurs des aides & avec les mouleurs de bois, ils pourroient citer les arréts de 1701 & 1706, & fe prévaloir des qualifications que leurs anciens y firent inférer.* Notre réponfe, à toutes ces allégations gratuites, fe trouve précifément dans les mêmes arrêts que vous traitez avec fi peu d'égard. Lifez :

LE ROI en fon confeil a ordonné & ordonne que l'arrêt du confeil de 1696, qui a déclaré LE BOURG de la Guillotiere, près de Lyon, étre de la province DU DAUPHINÉ, fera exécuté fuivant fa forme & teneur : Et en conféquence a déchargé & décharge lefdits habitans du paiement des cinq fous qui fe levoient fur chaque année de vin qui entroit & fe confommoit dans ledit LIEU, en vertu des lettres patentes du 1er. juin 1649 : fait SA MAJESTÉ défenfes au fermier des aides ET OCTROIS de la ville de Lyon, de les percevoir à l'avenir.... a condamné & condamne LESDITS FERMIERS aux dépens chacun en ce qui les concerne, 1er. mars 1701.

Cet arrêt prouve trois chofes effentielles : 1°. il ordonne l'exécution de l'arrêt de 1696, felon fa forme & teneur ; 2°. il y dénomme la Guillotiere un bourg dépendant de la province du Dauphiné ; 3°. il y défend la perception des aides & octrois ; donc Ils ont ceffé d'être perçus, nonobftant les lettres patentes de 1649 ; conféquemment l'arrêt de 1677 a été anéanti par celui de 1701 : donc la claufe inférée dans celui de 1696, *fans tirer à conféquence*, eft fortie de fon plein & entier effet en 1701 ; & fi nos habitans avoient payés les droits minutieux portés par l'arrêt de 1677, c'étoit précifément parce qu'ils s'y étoient foumis ; auffi cet impot vous avoit été accordé *fans tirer conféquence* : mais *SA MAJESTÉ* voyant que l'on méfufoit de cette

(19)

faveur, elle vous en a privés par son arrêt de 1701 ;
vous voyant ainsi dépouillés, dans votre dépit,
vous appellez la justice du *ROI une erreur* ; d'un
autre côté, vous prétendez que nos ancêtres ont
fait insérer dans cet arrêt *les qualifications qu'il
leur a plû*, & l'on ose tenir un pareil langage
contre un arrêt contradictoire ! Bien plus, cet
arrêt nous a déclarés, pour la septieme fois, habitans d'un bourg du Dauphiné ; & vous, Messieurs,
vous soutenez que la Guillotiere est un fauxbourg
de Lyon depuis 1479, & vous le soutenez malgré l'expresse volonté du Roi, qui a déclaré le contraire dans les arrêts de son conseil d'état, en 1551,
1608, 1614, 1671, 1696, 1701 & 1706 ; vous le
soutenez malgré deux arrêts du parlement, de
1668, & celui de la cour des aides de Paris de 1636 ;
& enfin, malgré vos deux transactions & votre
déclaration. Que de titres qui militent en notre faveur, & écrasent toutes vos prétentions ! Passons
maintenant à la lecture du dispositif de l'arrêt
de 1706.

*LE ROI en son conseil a ordonné & ordonne que ;
nonobstant la clause insérée dans l'édit du mois de
mars dernier, les arrêts du conseil du 1er. mai 1696, &
1er. mars 1701,* SERONT EXÉCUTÉS SELON LEUR
FORME ET TENEUR.

Voilà une loi bien précise & bien soutenue ;
puisqu'elle est cimentée par dix arrêts contradictoires & consécutifs du conseil de S. M., du
parlement & de la cour des aides ; loi avouée
par vous-mêmes, puisque vous nous avez reconnus étrangers à votre ville dans trois actes bien
authentiques. Est-ce sous de vains & ridicules
prétextes que l'on voudroit porter atteinte à cette
multitude de titres ? Nous sommes Dauphinois,
& l'on nous conteste cette vérité !

§. I I I.

Sur quels titres peut donc se fonder le consulat de Lyon pour attaquer ceux du bourg de la Guillotiere, en Dauphiné ?

Les voici : *Passons actuellement*, dites-vous, *aux titres plus récens où la ville de Lyon a été* CONFIRMÉE *, par rapport aux perceptions des octrois dans* LE FAUXBOURG *de la Guillotiere.* L'arrêt du conseil du 20 janvier 1722, autorise les perceptions du droit de douze sous par année de vin (quoi 12 s. ! dites donc douze livres, qu'on nous a fait payer ; quelle énorme différence) ! *Les habitans de la Guillotiere s'opposerent à ce que cette perception fut faite dans le* FAUXBOURG *,* (devions-nous renoncer à nos droits légitimes ? Et vous auriez voulu les anéantir par un arrêt surpris sur requête ; quelle justice)! *L'instance s'engagea au conseil ; les titres & moyens respectifs furent produits , & le 6 novembre 1725, intervint arrêt* CONTRADIC-TOIRE *du conseil , qui ordonna l'exécution de celui de 1722, par lequel* LE FAUXBOURG *de la Guillotiere est assujetti au droit.*

Quoi ! vous nommez un tel arrêt contradiction ? Il l'auroit été , si celui du 16 mars 1724 avoit été exécuté selon sa forme & teneur. SA MAJESTÉ *avoit ordonné que les parties produiroient leurs titres, & qu'elles procéderoient, tant devant le fieur* POULETIER *, intendant de Lyon , que pardevant le fieur* FONTANIEU *, intendant du Dauphiné.* Pourquoi cet arrêt préparatoire n'a-t-il pas été exécuté ponctuellement ? Ne l'ayant pas été , la religion du Roi n'a donc pû être suffisamment éclai-

rée, & voici ce qui y a mis obftacle. D'abord ;
nous préfentâmes nos titres à l'intendance de
Lyon : vos fermiers s'emparerent bientôt de
la procédure & de l'avis de M. l'intendant, qui
le prononça fans nous entendre. En vain nous
requîmes vos fermiers d'exhiber cet avis ; en vain
nous lui fîmes fignifier un acte par exploits, dont
les fins étoient l'exécution de l'arrêt qui avoit
ordonné l'apport de la procédure à l'intendance
de Grenoble. Les fermiers nous amuferent fous
différends prétextes ; ils éluderent, gagnerent du
temps , & tout - à - coup nous fûmes facrifiés
à leur cupidité , dans le moment même où nous
nous y attendions le moins , & fans que M.
l'intendant du Dauphiné ait pu donner fon
avis, ainfi qu'il y étoit requis par le confeil du
Roi. Lifez, Meffieurs, l'arrêt de 1725 , & vous
ferez alors convaincus que le miniftre n'a pas
reçu le procès-verbal de M. *de Fontanieu* ; cet
arrêt n'en fait point mention directement ni
indirectement : tandis qu'on y a rappellé celui de
M. l'intendant de Lyon , jufqu'au procès-verbal de
l'infidele *Tindo.* Tout annonce la collufion la plus
manifefte ; elle eft fi évidente, que cet arrêt qualifie *le bourg* de la Guillotiere de *fauxbourg* , fans
avoir dérogé aux arrêts de 1551 , 1608 , 1614 ,
1636 , 1668 , 1671 , 1696 , 1701 & 1706 , qui tous
nous ont déclarés habitans *d'un bourg du Dauphiné* , arrêts que nous avions produits pendant
l'inftance , ainfi que vos deux tranfactions & votre
déclaration , & que vos fermiers ont évidemment
fouftraits à la connoiffance du confeil. C'eft par
cette indigne manœuvre , que nous avons été facrifiés. Ceux qui liront le fatal arrêt de 1725 ,
feront frappés de la folidité de nos obfervations
& de leur légitimité ; ainfi on le répete , tout
annonce la collufion la mieux démontrée. Et vous
vous étayez , Meffieurs , d'un tel arrêt ! A cela ,

vóus répondrez que *les habitans de la Guillotiere se plaignent de ce que M. l'intendant de Lyon donna feul fon avis, & fur ce que M. l'intendant du Dauphiné ne donna point le fien, mais dès que* DANS TOUS LES TIMPS *la Guillotiere avoit été déclarée fauxbourg de Lyon.* Hélas ! Meſſieurs, les dix arrêts relatés ci-deſſus, & les trois actes ſouſcrits par vous, démentent formellement votre allégation ; ils la démentent juſques dans ce que vous allez dire. Parlez :

Par rapport aux octrois de la ville de Lyon, l'intendant du Dauphiné ne pouvoit être conſulté ſur une affaire étrangere AU LOCAL DE SON DISTRICT. Ce n'eſt pas par un ſophiſme qu'on anéantit des arrêts & des actes ſolennels ; ce n'eſt pas par des ſuppoſitions, qu'on peut effacer ce qui eſt contenu dans des jugemens ſouverains, & dans vos promeſſes. Nous diſons plus, LE ROI ayant ordonné par ſon arrêt de 1724, que M. l'intendant du Dauphiné fut conſulté, ce n'étoit à vous, Meſſieurs, à l'empêcher, ni de ſoutenir qu'il n'étoit pas partie capable, encore moins d'affirmer que le bourg de la Guillotiere étoit hors de ſon diſtrict ; tandis qu'il y a été maintenu par une foule d'arrêts, & par vos propres ſermens : donc cette affaire étoit de ſa compétence. Or, vous avez évité ſon prononcé ; donc l'arrêt de 1725 eſt colluſoire ; donc cet arrêt ne peut nous être oppoſé, ni porter la moindre atteinte aux titres nombreux que nous ne ceſſerons jamais d'expoſer aux regards de notre Roi Dauphin, & c'eſt de S. M. & de ſon conſeil que nous attendons bonne & prompte juſtice.

Cependant c'eſt à l'aide de cet arrêt évidemment ſurpris, que le fermier des aides, toujours éveillé pour ſes intérêts, qui depuis l'arrêt de 1701 nous avoit laiſſés en paix, profita de notre conſternation ; il préſenta une requête au conſeil, y expofa que l'arrêt du 6 novembre 1725 , ayant qualifié le bourg de la Guillotiere de fauxbourg de Lyon , & l'ayant affujetti aux octrois , il lui fut permis d'y prélever auffi le droit d'aides : fur ce feul expofé , il furpris à fon tour un arrêt le 12 décembre , même année. C'eft ainfi que la Guillotiere fe trouva inveftie par une foule de commis; afin de fe garantir de toutes ces oftilités , elle forma oppofition à ce dernier arrêt ; mais ayant hors de fes mains fes titres , dont s'étoient nanti vos fermiers des octrois, nous nous bornâmes à implorer la juftice du Roi. Elle fe manifefta le 17 février 17.8 , par un arrêt de fon confeil; S. M. y *ordonna que les parties fe retireront devant les commiffaires départis à Lyon & à Grenoble , pour être par eux dreffé procès-verbal des conteftations refpectives.* Le 7 feptembre 1734 , intervint arrêt définifif. La prétention du fermier des aides fut accueillie , parce que nous étions démunis de nos titres depuis 1724 : néanmoins l'arrêt de 1734 *déclara la Guillotiere être un* LIEU *faifant partie de la province du Lyonnois.* Il eft bien évident que l'arrêt de 1725 & celui de 1734 font en contradiction. Le premier déclare la Guillotiere être fauxbourg de Lyon , le fecond être un lieu de la province du Lyonnois ; tandis que les dix arrêts antérieurs n'ont ceffé de confirmer la Guillotiere comme *bourg de la province du Dauphiné.* Quel contrafte ! Donc la Guillotiere n'étoit pas un faux bourg en 1722 & 1725 ; donc ces deux arrêts font collufoires. Auffi S. M. a corrigé *l'erreur* y contenue , en déclarant de nouveau , en 1734 , la Guillotiere être un LIEU; donc ce *lieu* n'eft pas une dépendance de la ville de Lyon. Cependant vous affirmez que ce dernier arrêt du confeil *a déclaré la Guillotiere fauxbourg de Lyon.* Quoi ! toujours des fuppofitions ! heureufement elles font auffi-tôt détruites qu'apperçues , car le difpofitif

de cet arrêt attefte le contraire. Et Lorfqu'en
1734, le fermier des aides vous enleva ainfi votre
proie, vous ne fîtes ni oppofition, ni protef-
tation ; donc cet arrêt nous a mis de nouveau
hors des atteintes de vos fermiers des octrois. C'eft
ainfi que notre malheureufe bourgade a changé
alternativement de dépendance fifcale, felon l'im-
pulfion du dernier affaillant ; c'eft ainfi qu'elle
eft expofée aux rufes & aux chicanes depuis fi
long-temps, & qu'on la force depuis trois fiecles
à foutenir une foule de procès, au mépris de cette
multitude d'arrêts contradictoires, qui lui ont
donné gain de caufe. Heureufement aux fiecles de
la tirannie vient de fuccéder *le droit commun des
François*. Cette loi facrée eft un boulevard invincible contre lequel vont échouer nos adver-
faires, graces à l'affemblée nationale !

Pour vous dédommager de ce que l'arrêt de
1734 avoit croifé vos intérets, vous nous élevâtes une nouvelle difficulté, en augmentant, de
votre propre mouvement, le péage fur le pont
du Rhône, & cela malgré la tranfaction de 1671
fur ce procès, qui fut porté à la fénéchauffée
de Lyon. Ce tribunal vous condamna en 1764 ;
ordonna l'exécution de la tranfaction foufcrite
par vous. Nous fûmes donc reconus, par cette
fentence, habitans d'un bourg étranger à la ville
de Lyon. Donc la Guillotiere n'a jamais été un
fauxbourg de ladite ville ; donc le foutenir, c'eft
manquer à la vérité, & en impofer au confeil du R O I.

A peine nous étions débarraffés de ce procès, qu'il
fallut nous défendre contre une autre prétention
auffi injufte. Les patiffiers de Lyon attaquerent,
en 1770, nos boulangers, toujours fous le vain
prétexte que notre bourg étoit un fauxbourg.
Ils firent quatre différentes faifies, & traduifirent
nos boulangers au tribunal de la police de Lyon :

(25)

l'affaire fut vivement difcutée de part & d'autre. Sur ce intervint quatre ordonnances le 2
mai même année , qui condamna les patiffiers aux dépens , & à reftituer ce qu'ils avoient
faifi ; donc la police de votre ville nous a reconnus, à cette époque, étrangers. Car fi la Guillotiere avoit été un fauxbourg , votre police nous
auroit-elle donné gain de caufe ? Ainfi depuis
1551 jufqu'en 1770 , vous avez été condamnés
à tous les tribunaux où vous nous avez traduits;
& malgré tant d'arrêts , de fentences , d'ordonnances , de tranfactions & de déclarations , vous
avez tenté encore de nous fubjuguer en 1772 ,
toujours en furprenant la religion de S. M. : vous
vous trouviez obérés faute d'ordre & d'écono-
mie ; vous follicitâtes une augmentation d'octroi :
& fans notre participation , fans notre confentement , vous fites inférer la Guillotiere dans les
lettres patentes, comme fi ce Bourg avoit été
réellement un fauxbourg de votre ville. Cette furprife , faite au fouverain , eft manifefte ; car lefdites
lettres n'ont pas dérogé aux arrêts antérieurs du
confeil. Cette contrariété , dans le prononcé du
confeil , met en évidence la conduite que vous
avez toujours tenue à notre égard. C'eft ainfi que
vous n'avez ceffé d'attentér à notre liberté , & à
nous réduire à la plus affreufe indigence. Qui
ne voit que les fufdites lettres font obretices &
fubretices. Elles le font tellement, que LE ROI,
en fon confeil, les a déjà réformées en 1776 ,
quant à ce qui concerne *le bourg de la Croix-Rouffe*,
que vous y aviez fait comprendre auffi comme
fauxbourg. Ses habitans en appellèrent comme
d'abus de confiance ; S. M. leur a rendu juftice ;
mais par un nouvel effet de furprife , vous avez
fait inférer dans l'arrêt de ladite année , & dans
les lettres patentes de 1778 , l'énoncé que voici :
Sans cependant que LE FAUXBOURG de la

*Guillotiere, attendu LA DIFFERENCE de sa posi-
tion ET DE SES RESSOURCES, puisse, à cause
du présent arrêt, se croire fondés à des réclamations
contre AUCUNS droits qu'ils payent, soit en vertu
des lettres patentes de 1772, soit en vertu DES
TITRES ANTERIEURS.* Eh ! quels titres, Meffieurs, peuvent détruire ceux que nous vous op-
pofons ? Des jugemens contradictoires peuvent-ils
être anéantis par des arrêts collufoires, par des
lettres obretices & fubretices ? Vous avez expofé
au Roi que la Guillotiere eft dans une pofition
différente *de la Croix-Roufse*, & que fes reflources
ne peuvent être comparées. Que dira S. M. quand
elle faura que toujours celle-ci a fait partie du
Lyonnois, & que nous n'avons jamais ceflé d'ha-
biter la province du Dauphiné ? Voilà la différence. Quant aux reflources, le terrein *de la Croix-
Roufse* fe vent ordinairement de 1000 à 1200 liv. la
bicherée : chez nous on en trouve communément
à 150 liv. tandis que vous foutenez le contraire ; &
vous le foutenez dans la feule intention de nous courber fous une multitude d'impôts ; quelle injuftice !

D'un autre côté, vous prétendez que depuis
1521, nous fommes foumis au paiement des
octrois ; mais cette foule d'arrêts, qui dénient votre
affertion, vous ont fait changer de langage, &
cela dans la même requête ; car ailleurs, vous
foutenez que *depuis 61 ans, vous percevez fur nous
ledit droit.* L'arrêt de 1734 anéantit votre allégation. En effet, ce n'eft que depuis 1772 que vous
les avez perçus. Or, jufqu'en 1784, époque de l'in-
troduction de l'inftance actuelle, il n'y a que
12 années révolues ; votre pofleflion n'eft donc
pas depuis 61 ans ? Il n'y a donc pas, ni ne peut
y avoir de prefcription, ni dans le fait ni dans
le droit. D'ailleurs des échevins ne peuvent ignorer qu'une communauté eft toujours mineure.
Et vous voyant preflés de toutes parts, voici comme

vous raifonnez : *peut-on, en matiere de poffefion, demander qu'en cas de contrariété d'arrêts dans la difpofition des réglemens, on ait recours aux anciens pour annuler les nouveaux ?*

Oui, Meffieurs, la loi le veut ainfi, & c'eft la jurifprudence de tous les tribunaux du royaume. Et pourquoi tolérer des arrêts collufoires & des lettres patentes dont l'obrepfion & la fubrepfion font plus que démontrés ?

Dans ce cas, dites-vous, *que deviendroient certaines perceptions, au profit des villes, que des circonflances* ET DES BESOINS *ont fait varier & quintripler depuis un fiecle ?*

Elles deviendront ce qu'elles pourront ; ce n'eft pas à nous, étrangers à votre ville, à payer vos dettes. Quoi ! les habitans des champs, fatigués, écrafés fous une multitude d'impôts qui pefent fur leurs têtes, courbés contre la terre pour la mettre en valeur, l'arrofant de leur fueur journaliere, ayant à peine du pain pour nourrir leurs enfans, fupportant l'inclémence des faifons, les non-valeurs attachées à l'agriculture, les pertes en tout genre, vous voulez les forcer à payer les dettes de leurs voifins. N'eft - ce pas affez qu'ils travaillent à vous nourrir, à nettoyer gratuitement vos rues, à vuider vos foffes d'aifance ; en un mot, à débarraffer l'air de toutes les matieres putrides qui infectent l'air que vous refpirez ? Eh ! que feriez-vous, citadins, fans les pauvres agricoles? Sans eux, fans leurs travaux, vous mouriez de faim & de mifere, quoique plongés dans l'or ; vous feriez comme *Tantale,* qui mouroit de foif au milieu des eaux.

Afin de diftraire le confeil du Roi fur nos juftes plaintes, vous affirmez que *les charges publiques* SONT MOITIÉ *plus pefantes pour les habitans de Lyon, que pour ceux de la Guillotiere.* Ceci mérite encore d'être vérifié, car en tout vous nous offrez une victoire certaine.

§. I V.

Parallele des prérogatives, immunités & avantages dont jouiffent les habitans de Lyon, avec les charges & les impôts dont font grevés ceux du bourg de la Guillotiere.

Les citoyens de Lyon, qui poffedent du terrein, des maifons ou des hôtels dans l'enceinte de cette ville, font exempts de taille & de fubfidiaire : nous nous payons l'un & l'autre impôt. Les bourgeois de la ville, qui ont des biens de campagne, n'ont été impofés jufqu'ici qu'au quart de la taille : à nous, on nous fait payer le furplus. Les citadins de Lyon font exempts de payer le péage fur le pont du Rhône : nous y fommes foumis. La ville n'a point de corvées : elles fe font aux dépens de notre bourfe. Les bourgeois de la ville font exempts, toute l'année, du droit de gros fur leurs vins : on nous les fait payer même en temps de foire, époque où les autres étrangers en font exempts. Lyon a quatre foires dans l'année : nous ne jouiffons d'aucune. Le pavé de la ville eft réparé aux frais de la commune : chacun de nous payons le nôtre. Les Lyonnois ne payent point de traite foraine : on nous la fait acquitter. Lyon eft exempt du logement des gens de guerre : nous y fommes forcés. La ville eft très-bien éclairée pendant la nuit par une multitude de réverberes : nous en fommes privés ; auffi la nuit la plus obfcure regne à la Guillotiere. Les rues de Lyon font furveillées nuit & jour par une garde à pied & à cheval ; tandis que nous fommes abandonnés à la merci des brigands, ce qui nous a obligés de former une garde nationale. Plufieurs brigades de Maréchauffée furveillent la ville & le Lyonnois : ils ne viennent chez nous qu'en temps de vogue , & cela trois fois l'année. Eft-il queftion des dettes actives & paffives de la ville , des penfions dont elle gratifie des gens très-opulens , même des em-belliffemens dans l'intérieur de leur cité , on nous force d'y contribuer , fans que jamais la ville foit venue à notre fecours pour acquitter nos dettes, pas même pour relever notre églife écroulée depuis plus d'un fiecle. Nous fommes obligés de payer toutes les charges de notre communauté , témoin l'arrêt du confeil du 24 octobre 1646 , qui nous permit d'élever fur nous-mêmes un octroi de dix fous par année de vin entrant dans notre bourg, & cela pour acquitter la fomme de 14276 liv. 18 f., dette que nous n'avions contractée que pour fub-venir aux faux frais des procès fans ceffe renaiffans que nous intente le confulat de Lyon ; & auxquels il n'a ceffé de fuccomber : actuellement notre bourgade doit plus de quarante mille livres, dont nous fupportons feuls les intérêts. D'un autre côté , MM. de St. Charles s'étoient emparés d'une maifon & jardin, dont le revenu étoit deftiné aux petites écoles ; fur ce procès, eh bien ! nous avons feuls fourni aux frais immenfes qui ont été faits, fans que Lyon foit venu à notre fecours ; la faveur nous a fait perdre ce procès, qui, par fa nature, étoit imperdable. Qui a payé les frais & le rem-bourfement ? nous pauvres habitans , en nous foumettant pendant fix années à une augmentation d'impofition du quart enfus de la taille. Or, fi l'on nous fait fupporter toutes les charges de la ville ; pourquoi ne vient-elle pas à notre fecours dans nos momens de détreffe ? Pourquoi nous a-t-elle abandonnés même dans les inftans d'in-juftice ? Les réparations publiques , difons-nous , même les embelliffemens fe font aux frais de la ville & aux nôtres. Nous nous payons, non des embellissemens; notre misere est trop manifeste pour nous livrer au luxe, mais on nous épuise pour fournir aux frais indispensables de notre municipalité. Lyon a un grand nombre de directes seigneuries dont les lods & ventes lui font un très-gros revenu; il a d'autre part des revenus effectifs par la location de plusieurs maisons considérables; il a des perceptions en tout genre: Nous n'avons ni possession, ni revenu, ni aucune perception. Devons-nous, il faut vuider nos bourses. Or si la Guillotiere est réellement une partie de Lyon en qualité de fauxbourg, il doit donc payer nos dettes: il ne le fait pas, donc il nous regarde comme étrangers. Et de fait il nous fait payer, en cette qualité, toutes les charges du dehors. Pourquoi donc nous fait-il payer en même temps les charges du dedans? La ville a élevé des quais magnifiques pour se garantir des eaux du Rhône & de la Saône: notre bourg, & la campagne qui en dépendent, font privés de cet avantage; aussi chaque crue des eaux, la Guillotiere & son territoire en sont innondés & tellement ravagés, qu'au rapport de l'histoire de France, nombre de maisons furent écroulées, & depuis environ 20 ans, plus de trois mille bicherées de nos meilleures terres ont été éboulées & enlevées par la fougue des eaux. Les bourgeois de Lyon sont exempts de payer les droits d'aides dans leurs cabarets: on nous les fait payer en rigueur. On fait plus encore, nos vins ont-ils payé les octrois & les aides en entrant dans notre bourg, si nous les faisons passer dans la ville, on exige de nouveau les mêmes droits; tandis que le vin une fois entré dans Lyon, on peut le transporter d'une extrémité à l'autre, sans payer un nouvel impôt; pourquoi cette difference? L'un de nous achete-t-il à Lyon des chandelles, du fer, du

vin , &c. l'on nous fait payer le droit de fortie,
au profit de la ville , & la douane de Lyon eft
perçue au profit des fermiers généraux , comme
en entrant dans une province étrangere. Nous ne
fommes donc pas un fauxbourg de Lyon ? C'eft
en qualités d'étrangers , que vous nous privez du
droit de bourgeoifie , du rectorat des hôpitaux ,
des affemblées municipales , de l'élection à l'é-
chevinage , & à la prévôté des marchands ;
hélas ! vous nous privez jufques à l'entrée de la
Charité pour nos pauvres vieillards ! En un
mot , Lyon a tout , & la Guillotiere rien ; *voilà*,
dites - vous , *comme l'intérêt perfonnel ne calcule
que ce qui lui eft propre , & voilà comment il s'aveu-
gle.* Voyez maintenant , Meffieurs , à qui appar-
tient cette apoftrophe.

§. V.

*Malheurs arrivés aux infortunés habi-
tans du bourg de la Guillotiere depuis leur fatale féparation du Dauphiné.*

C'eft ici où il faut tracer l'hiftoire de l'inhu-
manité qu'on a commife contre les pauvres habitans de notre bourgade , qui , à l'abri des arrêts
du confeil , de ceux du parlement de la cour
des aides de Paris ; enfin , à l'abri de vos fermens , auroient dûs fous tant de fauves-gardes , être
refpectés ; loin de-là , les fatellites de vos fermiers ont ravagés nos récoltes , ont enlevé la
viande des boucheries , le vin des cabarets , en-
foncé les portes des caves , faifi les chevaux , les
voitures ; traîné dans la boue les conducteurs ,
& ont fini par les précipiter dans les cachots
obfcurs & infects ; c'eft là où , nourris au pain &

à l'eau , ils n'ont pû fortir qu'en payant des amen-des arbitraires & exhorbitantes. Ont-ils revu le jour, c'étoient des cadavres ambulans , tant la faim & la foif les avoient exténués ; leurs yeux crus & fombres étoient le fymbole du défefpoir : & ne devoient-ils pas y être livrés , lorfque , rendus à la lumiere , ils fe voyoient privés de leur gagne-pain , & hors d'état d'acheter d'autres chevaux ni de voitures ? C'eft ainfi qu'on a ruinés & maltrai-tés des peres de famille. Oh , humanité ! eft-ce ainfi que tu traites tes femblables ! Que te devoient ceux qu'on a eftropiés ? Que te devoient ceux qu'une rage cruelle a privés de la vie ? Que te faifoit le 2 juin 1781 J. B. RAVATEL ? Il por-toit , pour abreuver fa femme & fes malheureux enfans , quelques pintes de vin dans un baril ; des commis rencontrent cet infortuné , lui enle-vent fon vin ; fe pauvre homme effrayé ne fait nulle réfiftance , il fuit , & c'eft alors que le bri-gadier ORIÉ lui plonge un poignard dans le dos; il tomba aux pieds de fon meurtrier , qui le vit , en fouriant , expirer fous fes yeux. Pareille fin tragi-que a eu lieu fur la perfonne d'un nommé *Jofeph* , au-tre pere infortuné , qui laiffa une veuve & des en-fans défolés. Semblable fcene fanglante fe renouvel-la fur un nommé *Benoît Plaçon* , qui fut attaqué par les commis au milieu de la Guillotiere , il expira d'un coup de couteau. Un autre affaffinat a eu lieu , par les mêmes Satellites , fur la perfonne *d'Antoine Froment*. Et tous ces crimes ont été impunis au mépris des lois & de l'humanité. Qu'on juge actuellement fi la Guillotiere a droit de fe plaindre du confulat de la ville de Lyon.

AU ROI.

SIRE,

LES infortunés habitans du bourg de la Guillotiere , abandonnés à tant de cruautés, à tant d'exactions, n'ont pas héfité de porter au pied du trône de VOTRE MAJETÉ leurs juftes plaintes & leurs réclamations. Avec le plus profond refpect, ils rappellent cette foule d'arrêts contradictoires émanés de votre confeil, qui ont déclaré & confirmé *le bourg de la Guillotiere être une dépendance de la province du Dauphiné*. Ils fupplient très-humblement, VOTRE MAJESTÉ, de déclarer nuls & abufifs tous les arrêts & lettres patentes que le confulat Lyonnois a furprifes à votre religion ; de réintégrer lefdits habitans dans la pro-

vince du Dauphiné, ainfi qu'il eft porté
par les arrêts de 1551, 1608, 1614,
1636, 1668, 1671, 1696, 1701 & 1706,
& par les tranfactions foufcrites par les
officiers municipaux de votre ville de
Lyon, en 1556 & 1671, & dans leur
déclaration de 1606. Ce fera, SIRE, le
feul & l'unique moyen de faire ceffer tant
d'affaffinats , tant d'emprifonnemens ,
tant de faifies & de confications, enfin ,
tant d'injuftices. Il eft temps de rendre
la liberté naturelle à des Dauphinois,
qui , en bons & très-fideles fujets , ne
cèffent d'offrir au ciel leurs vœux pour
la confervation des jours de leur ROI
DAUPHIN.

Signés , les habitans du bourg de
la Guillotiere , en Dauphiné.

DE JANIN DE COMBE BLANCHE ,
chevalier de l'ordre de Saint-Michel.
ALLARD ; députés de la communauté &
municipalité dudit bourg.

www.ingramcontent.com/pod-product-compliance
Ingram Content Group UK Ltd.
Pitfield, Milton Keynes, MK11 3LW, UK
UKHW022223070726
13613UKWH00004B/1840